INTRODUCTION

À LA LECTURE COURANTE

Ou la lecture rendue facile au moyen de la division des mots
par syllabes et des lettres nulles en caractères blancs.

OUVRAGE

POUVANT FAIRE SUITE A TOUTES LES MÉTHODES
DE LECTURE,

Par D. GUILLOT,

Ancien instituteur ; auteur de plusieurs ouvrages classiques.

PARIS

CH. DELAGRAVE ET Cie, LIBRAIRES-ÉDITEURS,
Rue des Écoles, 78.

LILLE, GUILLOT, LIBRAIRE, RUE NEUVE, 37.

X

26096

INTRODUCTION

A LA LECTURE COURANTE

ou la lecture rendue facile au moyen de la division des mots par syllabes et des lettres nulles en caractères blancs.

OUVRAGE

POUVANT FAIRE SUITE A TOUTES LES MÉTHODES DE LECTURE,

Par D. GUILLOT,

Ancien instituteur ; auteur de plusieurs ouvrages classiques.

PARIS,

Ch. DELAGRAVE et Cie, Libraires-Editeurs, rue des Ecoles, 78.

LILLE,

GUILLOT, Libraire, rue Neuve, 37.

1866 (C.)

PRÉFACE.

Quand un élève a parcouru une méthode de lecture, il a acquis la connaissance des sons et des diverses articulations ; il est parvenu à réunir ces deux éléments, et il sait lire des syllabes isolées.

Arrivé à la lecture courante, il devra lire des mots plus ou moins longs formés de syllabes réunies.

Mais si l'enfant n'a fait qu'effleurer les exercices de sa méthode de lecture, ou si ces exercices n'ont pas été assez nombreux ; s'il n'a pas acquis la pratique de la lecture des syllabes isolées, il se perd bientôt en lisant des mots parce qu'il n'a pas contracté l'habitude de les diviser.

La lecture des mots divisés par syllabes séparées, laisse beaucoup moins de travail à faire à l'élève ; c'est en quelque sorte une manière d'éluder les difficultés et de rendre la lecture plus facile à l'enfance.

L'impression des lettres nulles en caractères différents, rendra encore cette lecture plus facile.

Dans la pratique, on a reconnu que l'enfant qui a syllabé longtemps, lit mieux et a une meilleure prononciation que celui qui passe trop rapidement à la lecture courante.

Le premier connaîtra aussi beaucoup mieux l'orthographe d'usage.

En effet, puisque cette orthographe ne s'apprend que par les yeux, il sera bien plus facile de saisir les diffé-

rentes lettres qui composent une syllabe isolée que celles
qui se trouvent dans un mot à syllabes réunies.

Mais s'il est avantageux de ne présenter à l'élève que
des mots formés de syllabes isolées, il est bon que cette
division ne soit point faite au hasard ni arbitrairement ;
elle doit être basée sur les principes même de la lecture.

Dans le commencement de ce livre, toutes les difficultés
sont éludées : division des mots par syllabes, lettres nulles
en caractères blancs. Les élèves qui ont suivi notre méthode de lecture ne rencontreront aucune difficulté en
commençant ; pour les autres, il suffira de leur faire re-
marquer qu'ils n'ont point à s'occuper de ces sortes de
lettres et qu'ils doivent lire comme si elles n'y étaient
pas.

Plus loin les lettres blanches disparaissent peu à peu,
il ne reste plus que celles qui terminent la plupart des
verbes à la troisième personne du pluriel, et celles qui
offrent encore quelques difficultés.

Vers la fin du livre les caractères sont partout les mêmes,
seulement les syllabes sont encore séparées. Pour terminer,
l'élève arrive à la lecture courante, il peut lire dans tous
les livres.

Un ouvrage de ce genre manquait à l'enseignement, et
c'est sur les instances de plusieurs instituteurs et avec
leur concours, que nous avons composé celui que nous
offrons aujourd'hui au public.

INTRODUCTION

A LA LECTURE COURANTE.

LES PAROLES DE LA MÈRE.

Ma-man, j'ai dit mes pri-è-res, le bon Di-eu m'ai-me-ra bien, n'est-ce pas?

Oui, mon a-mi, le bon Di-eu ai-me beau-coup les en-fants qui di-sent bien leurs pri-è-res le ma-tin et le soir.

Et qui o-bé-is-sent à leur pa-pa et à leur ma-man.

Les pe-tits en-fants doi-vent aus-si ai-mer leurs frè-res et leurs sœurs, et les au-tres en-fants com-me eux.

Ils ne doi-vent ja-mais leur fai-re de mal.

On n'ai-me pas les pe-tits en-fants qui pleu-rent, ni ceux qui sont gour-mands.

Le bon Di-eu ai-me aus-si les en-fants qui ap-pren-nent bien leurs le-çons, et les pa-pas et les ma-mans les ré-com-pen-sent.

Pour ê-tre bien sa-ges, les en-fants doi-vent ai-mer beau-coup le bon pe-tit Jé-sus et le pren-dre pour mo-dè-le.

Tous les jours ils doi-vent lu-i di-re : O mon doux Jé-sus ! mo-dè-le des en-fants sa-ges et sou-mis, don-nez-moi un cœur sem-bla-ble au vô-tre, et fai-tes-moi la grâ-ce de le con-ser-ver pur tou-te la vie.

LE DÉPART POUR L'ÉCOLE.

A-di-eu, ma-man, je vais en clas-se, vou-lez-vous m'em-bras-ser?

Très-vo-lon-ti-ers, mon a-mi, quand vous ê-tes bien sa-ge et que vous al-lez à l'é-co-le de bon cœur et a-vec goût, je su-is tou-jours dis-po-sée à vous em-bras-ser.

Sur-tout n'ou-bli-ez pas la re-com-man-da-ti-on que je vous ai fai-te, d'al-ler tou-jours en clas-se par le che-min que je vous ai in-di-qué, sans cri-er ni of-fen-ser per-son-ne.

Ne crai-gnez rien, ma-man, je ne m'a-mu-se-rai pas en rou-te, et aus-si-tôt a-près la clas-se, je re-vien-drai, en rang, a-vec les au-tres.

C'est bien. N'ou-bli-ez pas

non plus de sa-lu-er hon-nê-
te-ment les per-son-nes que vous
ren-con-tre-rez.

C'est un ac-te de po-li-tes-se
qui don-ne tou-jours u-ne o-pi-
ni-on fa-vo-ra-ble de ce-lu-i qui
le fait.

En clas-se, soy-ez bien at-
ten-tif aux le-çons du maî-tre
et ap-pre-nez soi-gneu-se-ment ce
qu'il vous en-sei-gne.

LES PAROLES DU MAITRE.

Mes en-fants, la clas-se va
com-men-cer, gar-dez, je vous
prie, le plus pro-fond si-len-ce,
et ne quit-tez ja-mais vo-tre
pla-ce sans per-mis-si-on.

Rap-pe-lez-vous tou-jours que
l'é-co-le est u-ne es-pè-ce de
sanc-tu-ai-re.

El-le est pour l'é-tu-de ce que l'é-gli-se est pour la pri-è-re.

Soy-ez stu-di-eux, ex-acts; met-tez de l'or-dre dans tout ce que vous fai-tes.

Ay-ez tou-jours les mains et la fi-gu-re bien pro-pres.

Te-nez vos li-vres et vos ca-hiers a-vec u-ne gran-de pro-pre-té, a-fin qu'en les vi-si-tant on pu-is-se tou-jours di-re : c'est bien te-nu, c'est pro-pre.

Ay-ez aus-si un grand so-in de vos ef-fets, a-fin d'a-voir tou-jours u-ne mi-se pro-pre et dé-cen-te.

Soy-ez gais dans les ré-cré-a-ti-ons; mais ne soy-ez point dis-si-pés.

Soy-ez de bon-ne hu-meur, et ac-cep-tez a-vec bon-ne grâ-ce les re-pro-ches com-me les conseils, les pu-ni-ti-ons com-me les ré-com-pen-ses.

Soy-ez en tout temps o-bé-is-sants et res-pec-tu-eux.

Et a-lors, chers en-fants, le bon Di-eu vous don-ne-ra les lu-mi-è-res né-ces-sai-res pour bien ap-pren-dre, et en gran-dis-sant, vous de-vien-drez des hom-mes pro-bes, hon-nê-tes, re-li-gi-eux et in-stru-its.

LA NONCHALANCE.

U-ra-nie n'a au-cun goût pour l'é-tu-de.

El-le ar-ri-ve tou-jours la der-ni-è-re à l'é-co-le, et, à pei-ne est-el-le ar-ri-vée, qu'el-le de-man-de si la clas-se va bien-tôt fi-nir.

On a beau la gron-der, ja-mais el-le n'é-tu-die, ja-mais el-le ne sait ses le-çons.

Ses de-voirs sont pres-que tous com-men-cés, au-cun n'est ter-mi-né.

Son écri-tu-re est il-li-si-ble, les let-tres ne sont for-mées qu'à moi-ti-é.

Ses ca-hi-ers et ses li-vres sont rem-plis de ta-ches d'en-cre, les co-ins en sont rou-lés et noir-cis.

El-le n'é-cou-te ni les con-seils, ni les ré-pri-man-des.

Tous les jours el-le se fait pu-nir ; tous les jours el-le mé-con-ten-te ses bons parents, et tout le mon-de l'ap-pel-le U-ra-nie la non-cha-lan-te.

————

L'ANNÉE.

L'an-née se di-vi-se en dou-ze mois, qui sont : Jan-vi-er, fé-vri-er, mars, a-vril, mai, ju-in, ju-ill-et, août, sep-tem-bre, oc-to-bre, no-vem-bre et dé-cem-bre.

Sept mois ont tren-te-un jours ; sa-voir : Jan-vi-er, mars, mai, ju-ill-et, août, oc-to-bre et dé-cem-bre.

Qua-tre mois ont tren-te jours, sa-voir : A-vril, ju-in, sep-tem-bre et no-vem-bre.

Le mois de fé-vri-er a vingt-hu-it jours, dans les an-nées or-di-nai-res, et vingt-neuf jours, dans les an-nées bis-sex-ti-les.

On di-vi-se aus-si l'an-née en cin-quan-te-deux se-mai-nes.

Cha-que se-mai-ne a sept

jours, ce sont : Lun-di, mar-di, mer-cre-di, jeu-di, ven-dre-di, sa-me-di et di-man-che.

Les six pre-mi-ers sont des jours de la-beur et de tra-vail, le sep-ti-è-me est le jour du Sei-gneur.

Nous de-vons sanc-ti-fi-er le di-man-che en nous ap-pli-quant à rem-plir nos de-voirs re-li-gi-eux et en nous abs-te-nant des œu-vres ser-vi-les.

L'APPLICATION.

Ma-rie est u-ne pe-ti-te fil-le stu-di-eu-se, ja-mais on n'a be-so-in de la gron-der pour la fai-re tra-va-ill-er.

Quand on la voit pren-dre du re-pos et de la dis-tracti-on, on est cer-tain que ses de-voirs sont fi-nis.

Sou-vent, quand on pen-se qu'el-le joue ou qu'el-le s'a-mu-se, on la sur-prend as-si-se dans un co-in, li-sant dans un li-vre et cher-chant à ap-pren-dre ses le-çons.

Tous ses mo-ments de loi-sir, el-le les em-ploie à l'é-tu-de.

Aus-si Ma-rie est ai-mée de ses pa-rents, es-ti-mée de sa maî-tres-se.

El-le oc-cu-pe tou-jours u-ne des pre-mi-è-res pla-ces de sa di-vi-si-on: el-le rem-por-te les pre-mi-ers prix, et tout le mon-de fé-li-ci-te Ma-rie et dit qu'el-le a de l'ap-pli-ca-ti-on.

LES QUATRE SAISONS.

On di-vi-se en-co-re l'an-née en qua-tre gran-des par-ties qu'on ap-pel-le les qua-tre sai-sons :

Le prin-temps, qui mon-tre les fleurs et pro-met les fru-its;

L'é-té, qui don-ne les ri-ches mois-sons ;

L'au-tom-ne, qui ré-pand les fru-its pro-mis par le prin-temps;

L'hi-ver, qui est u-ne es-pè-ce de nu-it où l'hom-me se re-po-se.

Cha-que sai-son du-re trois mois.

Le prin-temps com-men-ce vers le 21 de mars et fi-nit vers le 21 de ju-in.

L'é-té com-men-ce vers le 21 de ju-in et fi-nit vers le 21 de sep-tem-bre.

L'au-tom-ne com-men-ce vers le 21 de sep-tem-bre et fi-nit vers le 21 de dé-cem-bre.

L'hi-ver com-men-ce vers le 21 de dé-cem-bre et fi-nit vers le 21 de mars.

Voy-ez, mes en-fants, quel-le a-gré-a-ble va-ri-é-té dans les sai-sons.

Ne sem-ble-t-il pas que Di-eu ait di-ver-se-ment pa-ré la na-tu-re, a-fin de ne po-int lais-ser à l'hom-me le temps de se dé-goû-ter de ce qu'il pos-sè-de ?

UNE BONNE ACTION.

Oc-ta-ve a-vait é-té bien sa-ge ;

Il a-vait fait tous ses de-voirs ;

Il a-vait su tou-tes ses le-çons ;

Et, pour ré-com-pen-se, son pa-pa lu-i a-vait don-né un sou.

Oc-ta-ve n'é-tait ni pro-di-gue ni gour-mand, il con-ser-vait l'ar-gent qu'on lu-i don-nait pour a-che-ter des li-vres ou au-tres cho-ses u-ti-les.

Mais ce jour-là, il a-vait vu des ce-ri-ses nou-vel-les, et il a-vait de-man-dé à son pa-pa la per-mi-ssi-on d'en a-che-ter en al-lant en cla-sse.

Sur la rou-te, il ren-con-tra le pe-tit An-dré ;

Il re-mar-qua qu'il é-tait af-fec-té, et qu'il pa-rai-ssait a-voir pleu-ré.

Qu'as-tu donc, lui dit Oc-

2

ta-ve, a-vec bon-té, tu me pa-rais tout tris-te?

An-dré bal-bu-ti-a d'a-bord quel-ques mots.

Pu-is, en-cou-ra-gé par les té-moi-gna-ges d'af-fec-ti-on d'Oc-ta-ve, il lu-i dit que son pè-re est ma-la-de, que sa mè-re ne peut plus tra-va-ill-er; qu'il n'y a plus de pain à la mai-son, et qu'il s'en va en cla-sse sans a-voir dé-jeû-né.

Tout en cau-sant, les deux en-fants é-taient ar-ri-vés en fa-ce d'un mar-chand, et à l'é-ta-la-ge, on voy-ait des pe-tits pains, des gâ-teaux, di-ver-ses sor-tes de fru-its et prin-ci-pa-le-ment de bel-les ce-ri-ses tou-tes rou-ges.

Oc-ta-ve s'a-van-ça ré-so-lû-ment vers le mar-chand, il lu-i don-na son sou, et, en é-chan-ge, il prit..... de bel-les ce-ri-ses, pen-sez-vous ?

Non, mes a-mis, il prit un pe-tit pain qu'il don-na aus-si-tôt à An-dré.

Oc-ta-ve se pa-ssa de ce-ri-ses cet-te fois, mais il é-tait heu-reux, sa con-sci-en-ce lu-i di-sait qu'il a-vait fait u-ne bon-ne ac-ti-on.

LE PRINTEMPS.

Le temps est ma-gni-fi-que.

La nei-ge a dis-pa-ru.

Les doux ray-ons du so-leil ont ré-chauf-fé la ter-re.

La fleur de la blan-che é-pi-ne com-men-ce à ré-pan-dre son doux par-fum.

La ten-dre cou-leur du li-las

an-non-ce   le   pre-mi-er   sou-ri-re de   la   na-tu-re.

L'hum-ble   vi-o-let-te   em-bau-me   les   bos-quets.

Des   mil-li-ers   de   feu-ill-es d'un   vert   ten-dre   s'é-chap-pent des   bour-geons   vi-vi-fi-és   par u-ne   ro-sée   bien-fai-san-te.

Les   oi-seaux   font   re-ten-tir les   é-chos   de   leurs   chants   mé-lo-di-eux.

C'est   le   prin-temps.

Le   prin-temps   suc-cè-de   à l'hi-ver.

Il   pré-cè-de   l'é-té.

En-fants,   pen-dant   cet-te   bel-le sai-son,   n'ou-bli-ons   pas   d'of-frir   au   Cré-a-teur   les   pré-mi-ces de   no-tre   cœur   et   nos   ac-cents les   plus   purs.

———

DU MAINTIEN A TABLE.

Ne vous met-tez ja-mais à ta-ble a-vec les mains sa-les.

A-vant de man-ger, di-tes le *Be-ne-di-ci-te* a-vec pi-é-té et mo-des-tie, mais sans af-fec-ta-ti-on.

A-près le re-pas, fai-tes u-ne cour-te pri-è-re ou au mo-ins le si-gne de la croix.

Il faut man-ger pour vi-vre et non pas vi-vre pour man-ger.

Quand vous se-rez à ta-ble, ne re-gar-dez pas les mets a-vec en-vie.

Con-ten-tez-vous de ce qu'on vous don-ne.

Rien n'est vi-lain com-me un en-fant gour-mand.

Re-ce-vez a-vec res-pect ce

qu'on vous don-ne et re-mer-
ci-ez po-li-ment.

Chez les au-tres, ne vous
met-tez ja-mais à ta-ble le
pre-mi-er, at-ten-dez que l'on
vous in-vi-te.

Man-gez con-ve-na-ble-ment, sans
a-vi-di-té et sans ex-cès.

A-près le re-pas, si vous
de-vez vous re-ti-rer, sa-lu-ez
res-pec-tu-eu-se-ment les per-
son-nes a-vec les-quel-les vous
a-vez man-gé.

L'ÉTÉ.

Quel-le cha-leur il fait au-
jour-d'hui !

Le so-leil est brû-lant ; on
é-touf-fe.

La fe-nai-son est com-men-cée.

La su-eur ru-i-ssel-le sur le front des fa-neurs.

Les blés com-men-cent à jau-nir et an-non-cent la moi-sson pro-chai-ne.

Dans les ar-bres touf-fus, on a-per-çoit les fru-its qui com-men-cent à mû-rir.

La ro-se et l'œ-ill-et ex-ha-lent leurs doux par-fums.

Le pa-pill-on vo-la-ge vol-ti-ge de fleurs en fleurs.

Les oi-seaux ont fait leurs nids; ils por-tent la bec-quée à leurs pe-tits.

C'est l'é-té.

L'é-té suc-cè-de au prin-temps. Il pré-cè-de l'au-tom-ne.

En-fants, si vous al-lez aux champs pen-dant la moi-sson, pri-ez vos bons pa-rents de lai-sser tom-ber quel-ques é-pis

pour le pau-vre. Di-eu vous
le ren-dra.

QUELQUES AVIS AUX ENFANTS.

En-fants, n'ou-bli-ez ja-mais
vos pri-è-res le ma-tin et le
soir, et fai-tes-les à ge-noux
et a-vec at-ten-ti-on et dé-vo-
ti-on.

Ne sor-tez ja-mais de la mai-
son sans la per-mi-ssi-on de
vos pa-rents.

N'al-lez pas a-vec les en-fants
vi-ci-eux et mé-chants.

On de-vient sem-bla-ble à ceux
qu'on fré-quen-te.

É-vi-tez les con-ver-sa-ti-ons
mal-hon-nê-tes des en-fants mal
é-le-vés.

Gar-dez-vous de ju-rer et de
vous met-tre en co-lè-re.

N'ou-bli-ez ja-mais de fai-re le si-gne de la croix au com-men-ce-ment de vos ac-ti-ons.

Soit que vous tra-va-ill-ez, soit que vous man-gi-ez ou que vous bu-vi-ez, fai-tes tou-tes ces ac-ti-ons pour la gloi-re de Di-eu et a-vec l'in-ten-ti-on de lu-i plai-re.

Ré-pon-dez hon-nê-te-ment aux per-son-nes qui vous par-lent, et a-jou-tez tou-jours à vos ré-pon-ses les mots Mon-si-eur ou Ma-da-me, pa-pa ou ma-man.

En-fants, o-bé-i-ssez promp-te-ment et a-vec plai-sir à vos pa-rents et aux au-tres per-son-nes qui ont le droit de vous com-man-der.

Ce n'est pas o-bé-ir que d'o-bé-ir à re-gret et a-vec non-cha-lan-ce.

Gar-dez-vous de men-tir.

Le men-teur s'a-vi-lit, il perd l'es-ti-me des hom-mes et il of-fen-se Di-eu.

Le men-son-ge con-du-it à tous les vi-ces.

Le men-son-ge c'est le dé-mon, la vé-ri-té c'est Di-eu.

Jé-sus-Christ a dit : Je su-is la Voie, la Vé-ri-té et la Vie.

Gar-dez-vous de dé-ro-ber au-cu-ne cho-se, mê-me à vos pa-rents.

Le vol est un vi-ce hon-teux, c'est la pa-res-se qui y con-du-it.

C'est u-ne ac-ti-on lâ-che et flé-tri-ssan-te.

Ce-lu-i qui la com-met est ap-pe-lé vo-leur.

Le vol con-du-it aux plus grands cri-mes.

Tel grand cri-mi-nel que ses for-faits ont con-du-it à l'é-cha-faud, a com-men-cé par vo-ler u-ne é-pin-gle.

En-fants, vou-lez-vous é-vi-ter le vol, tra-va-ill-ez et vous ne vo-le-rez pas.

AMOUR DU PROCHAIN.

En-fants, soy-ez bons et o-bli-geants pour les au-tres, et les au-tres se-ront bons et o-bli-geants pour vous.

Ne fai-tes pas aux au-tres ce que vous ne vou-dri-ez pas qu'on vous fît.

Fai-tes pour les au-tres ce que vous vou-dri-ez que les au-tres fi-ssent pour vous.

No-tre pre-mi-er de-voir est de ne pas fai-re de mal aux

au-tres, le se-cond est de leur fai-re du bien.

Si quel-qu'un vous a of-fen-sé, par-don-nez lu-i de bon cœur, a-fin que no-tre Pè-re qui est aux ci-eux vous par-don-ne au-ssi vos fau-tes.

———

L'HIVER.

Il fait froid.

On est o-bli-gé de re-cher-cher ses vê-te-ments les plus chauds.

Les ri-vi-è-res et les ru-i-sseaux sont gla-cés.

U-ne nap-pe blan-che cou-vre la cam-pa-gne.

Les ar-bres sont dé-pou-ill-és de leurs feu-ill-es et nous of-frent l'i-ma-ge d'u-ne na-tu-re mor-te.

Les plan-tes sont en-se-ve-lies sous la nei-ge.

Le bé-tail ne sort plus des é-ta-bles, les oi-seaux ont per-du leurs doux ac-cents.

Ils ne trou-vent plus au-cun a-bri, et ils n'ont pour tou-te nour-ri-tu-re que quel-ques grai-nes qu'ils at-tra-pent à la dé-ro-bée.

Les soi-rées sont lon-gues.

L'hom-me se dé-la-sse de ses tra-vaux.

La na-tu-re sem-ble en-dor-mie.
C'est l'hi-ver.

L'hi-ver suc-cè-de à l'au-tom-ne.

Il pré-cè-de le prin-temps.

En-fants, si vous a-vez de quoi vous nour-rir et vous vê-tir pen-dant l'hi-ver, n'ou-bli-ez pas les pau-vres qui ont faim et qui n'ont pas de pain ; qui gre-lot-tent de froid, et qui n'ont pas de vê-te-ments pour se cou-vrir, et le bon Di-eu vous bé-ni-ra.

LES PETITS OISEAUX.

En-fants, ne dé-tru-i-sez pas les pe-tits oi-seaux.

Le bon Di-eu ne les a pas seu-le-ment cré-és pour chan-ter le prin-temps et les fleurs, mais en-co-re pour nous ai-der à dé-tru-i-re les mil-li-ers d'in-sec-tes qui ron-gent nos plan-tes et les em-pê-chent d'ar-ri-ver à leur ma-tu-ri-té.

Le grim-pe-reau et la fau-vet-te se nour-ri-ssent du clo-por-te et de la guê-pe.

Les é-tour-neaux pa-ssent leur vie à man-ger des lar-ves et à dé-tru-i-re les in-sec-tes qui tour-men-tent les a-ni-maux.

Un cou-ple de mé-san-ges, fai-sant trois ni-chées par an, prend en moyen-ne cent vingt mil-le vers et in-sec-tes póur é-le-ver ses pe-tits.

U-ne seu-le hi-ron-del-le con-som-me près de mil-le in-sec-tes par jour.

La chau-ve-sou-ris fait la guer-re aux pa-pil-lons de nu-it et aux han-ne-tons.

Et vous sa-vez, sans dou-te, mes a-mis, que les pa-pill-ons en-gen-drent les che-nill-es qui ron-gent les feu-ill-es et les fleurs.

Les vers blancs, qui cou-pent les ra-ci-nes et font pé-rir les plan-tes, sont les lar-ves des han-ne-tons.

La chou-et-te fait la be-so-gne de six chats, en man-geant au mo-ins six mil-le sou-ris par an.

Vous le voy-ez, en-fants, quand vous dé-tru-i-sez les nids des oi-seaux ; quand vous pre-nez leurs œufs et leurs pe-tits, vous pro-pa-gez u-ne quan-ti-té in-nom-bra-ble d'in-sec-tes et de vers qui man-gent au mo-ins, cha-que an-née, le cin-qui-è-me des pro-du-its a-gri-co-les.

Re-te-nez - le bien ; plus il y au-ra d'oi-seaux, plus vous au-rez de ré-col-tes.

L'AUTOMNE.

Le so-leil a per-du de son ar-deur.

La cha-leur est mo-ins for-te que pen-dant l'é-té.

Les feu-ill-es des ar-bres jau-ni-ssent, et bien-tôt leur chu-te nous a-ver-ti-ra que les beaux jours sont pa-ssés.

Quel-ques fleurs tar-di-ves tel-les que la mar-gue-ri-te et le dah-li-a nous dé-dom-ma-gent en-co-re pour un mo-ment de la per-te des au-tres fleurs qui sont dé-jà dis-pa-rues.

Par-tout, les cul-ti-va-teurs, les vi-gne-rons, sont oc-cu-pés à fai-re la ré-col-te des fru-its et du rai-sin.

Les champs sont dé-pou-ill-és de leurs ri-ches moi-ssons.

Les pâ-tres con-du-i-sent le bé-tail paî-tre l'her-be des val-lons.

Les col-li-nes se cou-vrent de trou-peaux bon-di-ssants.

Dé-jà le la-bou-reur a creu-sé ses sill-ons, et bien-tôt il y dé-po-se-ra la grai-ne qui doit

3

pro-du-i-re la ré-col-te pro-chai-ne.

C'est l'au-tom-ne.

L'au-tom-ne suc-cè-de à l'é-té.

Il pré-cè-de l'hi-ver.

Les va-can-ces sont fi-nies.

Le mo-ment de ren-trer en cla-sse est ar-ri-vé.

Re-tour-nez-y de bon cœur, mes en-fants, et a-vec la ré-so-lu-ti-on de pro-fi-ter des le-çons que vos maî-tres vous don-nent a-vec tant de so-ins.

DIEU.

Al-lons, Char-les, prends ton li-vre, il est temps d'al-ler en cla-sse.

Je su-is prêt, ma sœur, par-tons.

Il fait bien beau au-jour-d'hu-i, quel-le ma-gni-fi-que ma-ti-née!

Re-gar-de donc, Ma-rie, com-me le ci-el est beau, com-me cet-te voû-te im-men-se pa-raît d'un beau bleu ?

Ou-i, Char-les, c'est cet-te cou-leur qu'on ap-pel-le bleu de ci-el, ou bleu d'a-zur.

Oh ! com-bien j'ai-me ce beau so-leil qui ré-pand par-tout la lu-mi-è-re et la cha-leur !

Vois, ma sœur, com-me ces moi-ssons sont ma-gni-fi-ques ! com-me ces ar-bres ploient sous le poids de leurs fru-its !

Crois-tu, Char-les, qu'il y ait des hom-mes a-ssez pu-i-ssants et a-ssez ca-pa-bles pour fai-re ce so-leil ma-gni-fi-que que tu ad-mi-res, et pour fai-re croî-tre ces bel-les moi-ssons et ces ar-bres qui por-tent de si beaux fru-its ?

Non, ma sœur, je ne le crois pas.

Ma-man m'a sou-vent dit que c'est Di-eu qui est le cré-a-teur de tou-tes cho-ses.

Et du res-te, ma-man ne me l'au-rait pas dit que je le croi-rais tout de mê-me.

Car, quand le soir, je vois la lu-ne et les nom-breu-ses é-toi-les qui brill-ent au fir-ma-ment, je sens u-ne voix en moi qui me dit :

« Qui au-rait fait ce-la, si ce n'est le Di-eu que j'a-do-re ? »

Bien, Char-les, très-bien, con-ti-nue de ré-flé-chir ain-si at-ten-ti-ve-ment sur tous les ob-jets qui nous en-tou-rent, et par-tout tu trou-ve-ras le Cré-a-teur dans ses œu-vres.

Tu le trou-ve-ras dans cet-te

mul-ti-tu-de in-nom-bra-ble d'a-ni-maux de tou-te es-pè-ce.

Dans cet-te va-ri-é-té in-fi-nie d'ar-bres, de plan-tes et de fru-its dont la ter-re est cou-ver-te.

Dans cet-te quan-ti-té pro-di-gi-eu-se de poi-ssons que la mer ren-fer-me.

Tu ver-ras que tout vient de Di-eu et que tout ex-is-te par Di-eu.

O mon Di-eu, que vous ê-tes grand et bon dans les œu-vres de vo-tre pu-i-ssan-ce !

LE BLÉ.

En-fants, vous rap-pe-lez-vous a-voir vu à l'au-tom-ne, le cul-ti-va-teur creu-ser des sill-ons a-vec la char-rue ; bri-ser les mot-tes de ter-re a-vec la her-se et en-se-men-cer son champ de blé ?

Au prin-temps, quand le so-leil a ré-chauf-fé la ter-re des touf-fes d'her-bes ont pou-ssé, les ti-ges ont gran-di et l'é-pi s'est mon-tré dans tou-te sa beau-té.

Quel-ques jours de so-leil en-co-re, et le grain a mû-ri, et, au mois d'août, les moi-sson-neurs en ont fait la ré-col-te.

Main-te-nant, des ou-vri-ers vont bat-tre le blé dans la gran-ge, et le cul-ti-va-teur re-cueill-e-ra le fru-it de son tra-vail et de ses su-eurs.

C'est le cul-ti-va-teur qui la-bou-re la ter-re et qui sè-me le blé, mais c'est Di-eu qui le fait pou-sser ; c'est lu-i qui don-ne l'ac-croi-sse-ment aux plan-tes et qui en-voie son so-leil pour mû-rir la grai-ne.

Le la-bou-reur ex-er-ce un bel é-tat.

Il par-ti-ci-pe en quel-que sor-te aux se-crets de la na-tu-re.

Il est l'ai-de de Di-eu dans la gran-de œu-vre de pro-duc-ti-on des vé-gé-taux.

SOYEZ BONS POUR ÊTRE HEUREUX.

Ju-les est bon, af-fa-ble, hu-main.

Il ai-me ses ca-ma-ra-des et il en est ai-mé ; il leur prê-te ses li-vres, ses cray-ons, ses plu-mes, ses jou-ets.

Tout ce qu'il po-ssè-de est au ser-vi-ce de ses a-mis.

Quand un é-lè-ve lu-i de-man-de

des con-seils pour fai-re ses de-voirs, il ne les lu-i re-fu-se ja-mais ; il fait tout ce qu'il peut pour con-ten-ter ses ca-ma-ra-des et pour leur ê-tre a-gré-a-ble.

Il rem-plit a-vec ex-ac-ti-tu-de tous ses de-voirs re-li-gi-eux.

Ju-les est tou-jours gai et con-tent ; il n'a au-cun trou-ble dans le cœur, car sa con-sci-en-ce ne lu-i re-pro-che rièn ; il est heu-reux par-ce qu'il fait le bien ; il est ai-mé par-ce qu'il est ai-ma-ble et qu'il ai-me le pre-mi-er.

LA PROVIDENCE.

Re-gar-de, Ma-rie, com-me mon pe-tit mou-ton bon-dit sur l'her-be ? Viens, nous i-rons le ca-res-ser : il est si doux !

Il au-ra u-ne toi-son ma-gni-
fi-que ; vois, cóm-me sa lai-ne
est blan-che !

J'ai-me beau-coup les a-ni-
maux, prin-ci-pa-le-ment quand
ils sont doux com-me le mou-ton.

Char-les, les a-ni-maux sont
un grand bien-fait du Cré-a-teur.

As-tu dé-jà ré-flé-chi à leur
u-ti-li-té ?

Oui, ma sœur, le che-val
et le bœuf par-ta-gent nos tra-
vaux, ils traî-nent nos voi-tu-res
et la-bou-rent nos champs.

La va-che nous four-nit son
lait, la bre-bis sa lai-ne, la
pou-le ses œufs, l'a-beill-e son
mi-el.

Les oi-seaux nous ré-créent par
leurs chants.

Le chien veill-e la nu-it à
no-tre sû-re-té.

Tu le vois, mon frè-re, non seu-le-ment Di-eu nous a cré-és, mais il veill-e en-co-re à no-tre con-ser-va-ti-on a-vec u-ne at-ten-ti-on tou-te pa-ter-nel-le.

Il pour-voit à tous les be-so-ins de no-tre ex-is-ten-ce et à tout ce qui peut nous ren-dre la vie a-gré-a-ble a-vec u-ne bon-té et u-ne sa-ges-se in-fi-nies.

Et ce so-in que Di-eu prend de nous s'ap-pel-le la Pro-vi-den-ce.

A-près nous a-voir cré-és, Di-eu, dans sa bon-té, ne pou-vait nous a-ban-don-ner au ha-sard.

Son at-ten-ti-on s'é-tend à la mo-in-dre des cré-a-tu-res ; il a l'œil fi-xé sur nous com-me si nous é-ti-ons seuls au mon-de.

O mon Di-eu, que vo-tre bon-té pour nous est gran-de !

C'est vous qui fai-tes pro-du-i-re à la ter-re les plan-tes qui ser-vent de nour-ri-tu-re aux hom-mes et aux a-ni-maux.

Le pain qui nous nour-rit et le vin qui nous dé-sal-tè-re.

Les fru-its qui nous ra-fraî-chi-ssent et les fleurs qui em-bel-li-ssent no-tre ex-is-ten-ce.

BEAUTÉS DE LA CAMPAGNE.

La cam-pa-gne a des char-mes i-nex-pri-ma-bles.

Ne res-tons pas in-dif-fé-rents aux a-gré-ments qu'el-le nous pro-cu-re.

Le Cré-a-teur sem-ble y a-voir ra-ssem-blé tou-tes les jou-i-ssan-ces que l'hom-me peut goû-ter i-ci bas.

Voy-ez au lo-in, dans le val-lon, on a-per-çoit le clo-cher de l'é-gli-se.

Il s'é-lè-ve com-me u-ne ai-gu-ill-e do-rée au-des-sus des ar-bres touf-fus qui en-tou-rent le vil-la-ge.

Le so-leil brill-e au fir-ma-ment.

Sa cha-leur est tem-pé-rée par la fraî-cheur du ma-tin.

Un doux zé-phir ba-lan-ce mol-le-ment les moi-ssons, et en for-me des on-des qui res-sem-blent aux flots de la mer.

U-ne quan-ti-té de fleurs de tou-te es-pè-ce ré-créent la vue par leur for-me et par leurs cou-leurs va-ri-ées.

L'air est em-bau-mé de leurs su-a-ves o-deurs.

Les oi-seaux nous ré-jou-i-ssent par leurs plus doux ac-cents.

Les a-beill-es bour-don-nent le long des bu-i-ssons par-fu-més.

El-les bu-ti-nent le suc des fleurs pour en fai-re leurs doux ray-ons de mi-el.

Les trou-peaux bon-di-ssent sur le ga-zon fleu-ri.

O chers en-fants, ré-flé-chi-ssez à tou-tes les mer-veill-es que Di-eu a se-mées au-tour de vous.

A la ter-re a-vec ses ri-ches-ses.

Au ci-el, a-vec ses splen-deurs.

A la vie cal-me et pai-si-ble des champs.

É-le-vez de temps en temps vo-tre cœur vers no-tre Pè-re qui est au ci-el, a-fin de le re-mer-ci-er de ses nom-breux bien-faits.

L'ÉTOURDERIE.

A-ni-cet a un bon cœur et il se-rait un ai-ma-ble en-fant s'il s'ob-ser-vait da-van-ta-ge.

Mais il est si é-tour-di !

Il ne fait at-ten-ti-on à rien.

S'il mar-che, il heur-te les meu-bles ou les per-son-nes qui sont sur son pa-ssa-ge.

Dans la rue, il va se four-rer sous le nez des che-vaux ou sous les roues des voi-tu-res au ris-que de se fai-re é-cra-ser.

Il se frot-te par-tout, il ac-cro-che par-tout ; au-ssi ses vê-te-ments sont tou-jours sa-les et dé-chi-rés.

Il par-le sans ré-flé-chir, il ré-pond sans a-voir en-ten-du ou com-pris, ce qui fait qu'il par-le tou-jours à tort et à tra-vers.

Sou-vent il in-ter-rompt les per-son-nes qui par-lent, pour ne di-re que des fu-ti-li-tés ou des sot-ti-ses qui lui pa-ssent par la tê-te.

C'est très-mal d'in-ter-rom-pre les per-son-nes qui par-lent.

Quand on le char-ge d'u-ne com-mi-ssi-on, il ar-ri-ve à la por-te sans sa-voir ce qu'il va fai-re, ou bien il en ou-blie la moi-ti-é.

En-fants, dé-fi-ez-vous d'un tel dé-faut.

É-cou-tez at-ten-ti-ve-ment ce qu'on vous dit.

Ré-flé-chi-ssez à ce que vous de-vez fai-re ou ré-pon-dre, et, en é-vi-tant l'é-tour-de-rie, vous vous é-par-gne-rez bien des cha-grins et des hu-mi-li-a-ti-ons.

DIEU VOIT TOUT.

Viens voir, ma sœur, com-me les fleurs de mon car-ré sont ad-mi-ra-bles !

Voi-ci des ro-ses, des œill-ets, des tu-li-pes, des mar-gue-ri-tes.

J'ai bê-ché la ter-re, j'ai se-mé des grai-nes, et voi-là que j'ai de bel-les fleurs.

Est-ce toi au-ssi, Char-les, qui a fait croî-tre ces plan-tes et qui a fait pou-sser ces fleurs?

O non, ma sœur, je plan-te bien les ar-bres, et j'en man-ge bien les fru-its ;

Mais il n'y a que Di-eu qui pu-i-sse fai-re pou-sser les plan-tes et les fleurs.

Pu-is-que c'est Di-eu qui don-ne l'ac-croi-sse-ment aux plan-tes et la vie aux a-ni-maux, pour-rais-tu me di-re où il est ?

Lai-sse-moi ré-flé-chir un ins-tant et pu-is je te le di-rai.

D'a-bord il est au ci-el, dans le so-leil, dans la lu-ne, dans les é-toi-les, pu-is-que c'est lu-i qui les con-du-it et qui rè-gle leur mar-che.

Il est dans les nu-a-ges, dans le ton-ner-re qui gron-de, dans la plu-ie qui tom-be.

Il est dans la fleur qui pou-sse, dans le fru-it qui mû-rit.

Il est près de nous, a-vec nous, au-tour de nous, pu-is-qu'il nous fait vi-vre et res-pi-rer.

Il est mê-me en nous, pu-is-que sa voix nous pré-vient in-té-ri-eu-re-ment quand nous fai-

4

sons le bien ou quand nous fai-sons le mal.

En-fin, je crois qu'il est par-tout.

Tu as rai-son, mon frè-re, Di-eu est pré-sent par-tout, tous les hom-mes sont sous ses y-eux; rien ne lu-i est ca-ché, et par-tout ses re-gards sont sur les bons et sur les mé-chants.

Il son-de les cœurs, nos pen-sées les plus se-crè-tes ne peu-vent lu-i é-chap-per.

Il voit tou-tes les mau-vai-ses ac-ti-ons des mé-chants et leurs dis-cours mon-tent jus-qu'à son o-reill-e.

Les té-nè-bres les plus é-pai-sses ne peu-vent les cou-vrir de leur ob-scu-ri-té.

Fai-tes, ô mon Di-eu! que je n'ou-blie ja-mais que je su-is

en vo-tre pré-sen-ce, et que
tou-tes mes ac-ti-ons et tou-tes
mes pen-sées vous sont con-nues.

LA RÉPRIMANDE.

Ce-lu-i qui hait la ré-pri-
man-de de-vien-dra vi-ci-eux, et
il se-ra tou-jours mal-heu-reux.
Voy-ez ce pe-tit gar-çon que je
ne nom-me-rai pas à cau-se de
son vi-lain dé-faut, il ne peut
souf-frir qu'on lui fa-sse la
mo-in-dre ob-ser-va-ti-on.
Un rien le met en co-lè-re.
Si on lu-i don-ne un a-vis,
si on lui fait u-ne re-com-
man-da-ti-on, ou si on lu-i
re-pré-sen-te ses torts, au-ssi-tôt
il prend un air bour-ru et
ren-fro-gné qui le rend laid à
fai-re peur.

Il pou-sse a-vec bru-ta-li-té ses ca-hiers, ses li-vres, et tout ce qu'il a de-vant lu-i.

Si on le for-ce à fai-re son de-voir, a-lors ce sont des cris, des pleurs, des ges-tes, en-fin c'est un ta-pa-ge à fen-dre la tê-te.

Un tel dé-faut, mes en-fants, ne peut que dé-so-ler nós pa-rents, af-fli-ger nos maî-tres, nous fai-re ha-ïr de tout le mon-de et nous ren-dre très-mal-heu-reux.

É-vi-tez-le a-vec grand so-in, et si mal-heu-reu-se-ment vous ê-tes en-clin à cet-te mau-vai-se ha-bi-tu-de, cor-ri-gez-vous-en au plus tôt.

LES POULES.

Voi-ci un coq et des pou-les.

Le coq a so-in des pou-les ;
il ne les perd pas de vue,
il les con-du-it, il veill-e à
leurs be-so-ins.

Le coq chan-te au po-int du
jour ; il est l'em-blê-me du cou-
ra-ge et de la vi-gi-lan-ce.

Voy-ez com-me les pou-les
grat-tent la ter-re pour y cher-
cher des grai-nes et des vers !

Ce sont el-les qui pon-dent
les œufs et qui les cou-vent
jus-qu'à ce que les pe-tits soient
é-clos.

Voi-ci u-ne pou-le a-vec ses
pou-ssins.

Voy-ez com-bien cet-te bon-ne
mè-re prend so-in de ses pe-tits !

Ja-mais el-le ne les quit-te
des y-eux ; el-le est cons-tam-
ment oc-cu-pée d'eux.

Au mo-in-dre dan-ger, el-le

vo-le à leur se-cours ; el-le ha-
sar-de sa pro-pre vie pour sau-
ver la leur ; el-le les ap-pel-le
et les ra-ssu-re par sa voix
ma-ter-nel-le.

Voy-ez com-me el-le é-tend ses
aî-les pour les cou-vrir !

El-le est ten-dre et soi-gneu-se
pour ses pe-tits com-me u-ne
bon-ne mè-re pour ses en-fants.

DOUCEUR ENVERS LES ANIMAUX.

Hi-er, je su-is al-lé à la
fer-me de Mon-si-eur La-gran-ge ;
il y a hu-it che-vaux, ils tra-
vaill-ent tous les uns com-me
les au-tres, ils ont tous la
mê-me nour-ri-tu-re, et ce-pen-
dant, il y en a qua-tre qui
sont gras et vi-gou-reux, tan-dis
que les qua-tre au-tres sont

mai-gres et ché-tifs. Pour-ri-ez-vous me di-re, mon pa-pa, com-ment ce-la se fait? pour moi je ne pu-is le com-pren-dre.

Ce-la est ce-pen-dant bien sim-ple, mon a-mi. C'est que Jean-Pi-er-re, le va-let de char-rue, char-gé de con-du-i-re et de gou-ver-ner les qua-tre pre-mi-ers che-vaux, est un hom-me doux et soi-gneux; ja-mais on ne l'en-tend cri-er sur ces a-ni-maux; ja-mais il ne les frap-pe; il leur don-ne cha-que jour la mê-me quan-ti-té de nour-ri-tu-re, et tou-jours à la mê-me heu-re.

Quand il re-vient des champs, son pre-mi-er ou-vra-ge est de les dé-bar-ra-sser de leur har-nais et de leur don-ner à boi-re et à man-ger.

Il ne prend de re-pos ni de nour-ri-tu-re que quand il sait que ses che-vaux ne man-quent plus de rien.

Le se-cond va-let, au con-trai-re, est un hom-me dur, bru-tal et pa-res-seux. Sou-vent il lai-sse ses che-vaux man-quer de nour-ri-tu-re, et le len-de-main il leur don-ne dou-ble ra-ti-on.

Son maî-tre a beau lu-i re-com-man-der de ne po-int char-ger trop fort, il ne l'é-cou-te pas.

Dans l'es-poir de fai-re un voy-a-ge de mo-ins, il char-ge tel-le-ment sa voi-tu-re que les che-vaux ne peu-vent plus la traî-ner. A-lors il crie, il ju-re, il frap-pe, et les pau-vres bê-tes res-tent là é-pu-i-sées de fa-ti-gue et ne pou-vant plus a-van-cer.

Ses che-vaux sont tel-le-ment en-dur-cis qu'ils n'en-ten-dent plus les cris ni les ju-rons de leur con-duc-teur.

Je com-prends, pa-pa, les che-vaux de Jean-Pi-er-re sont beaux et forts par-ce qu'ils sont trai-tés a-vec dou-ceur.

Les au-tres sont mai-gres et grè-les par-ce que leur con-duc-teur les trai-te a-vec vi-o-len-ce et du-re-té.

LES SENS.

Re-gar-dez, ma-man, com-me mon pe-tit bon-hom-me de bois joue des bras et des jam-bes.

Il dan-se, il sau-te, il gam-ba-de tout au-ssi bien que moi.

C'est vrai, mais la-che un peu le fil et com-man-de lu-i de con-ti-nu-er ses gam-ba-des.

Vous vou-lez vous mo-quer de moi, ma-man, vous sa-vez bien que mon pe-tit bon-hom-me ne bou-ge que par-ce que je ti-re la fi-cel-le.

Ce-pen-dant toi, tu mar-ches et tu cours bien tout seul.

Moi, je vis, mais mon bon-hom-me ne vit pas; ce n'est qu'un mor-ceau de bois.

Com-ment sais-tu que tu vis?

Je le sais par-ce que je vois, que je par-le, que je me re-mue.

Prends cet-te pom-me, mon a-mi, et dis-moi si el-le est ten-dre ou du-re.

El-le est ten-dre, ma-man, car el-le est bien mû-re.

Com-ment sais-tu qu'el-le est ten-dre?

Je le sens en la tou-chant,

Quel-le est sa cou-leur ?

Oh ! el-le est bien jau-ne, ce qui la rend ap-pé-ti-ssan-te.

Com-ment sais-tu qu'el-le est jau-ne ?

Je le vois par mes yeux.

Pour-quoi la por-tes-tu à ton nez ?

C'est pour en sen-tir l'o-deur, qui est bien a-gré-a-ble.

É-cou-tez, ma-man, en la se-cou-ant on en-tend les pe-pins qui sont de-dans.

C'est en-co-re un si-gne que ta pom-me est mû-re.

Mais com-ment en-tends-tu le bru-it des pe-pins ?

Je l'en-tends par mes o-reill-es.

Main-te-nant je vais la man-ger, vous me le per-met-tez, n'est-ce pas, ma-man ?

Cer-tai-ne-ment, mon fils, c'est

pour ce-la que je te l'ai don
née.

Mais tu me di-ras au mo-in
si el-le est bon-ne ?

El-le a un goût ex-cel-lent

A-vec quoi sens-tu le goû
de ta pom-me ?

At-ten-dez, je vais vous le
di-re :

Je crois que c'est a-vec la
lan-gue, non c'est a-vec le pa-
lais, ou plu-tôt je pen-se que
c'est a-vec les deux.

C'est bien ce-la. Ain-si, sans
le sa-voir, mon a-mi, tu as
fait a-vec ta pom-me cinq o-pé-
ra-ti-ons qu'on ap-pel-le sen-sa-
ti-ons, par-ce qu'el-les sont fai-tes
par les sens, qui sont :

Le tou-cher, la vue, l'o-do-
rat, l'ou-ïe et le goût.

Vois, mon fils, a-vec quel-le

-ten-ti-on le Cré-a-teur a dis-
-bu-é nos sens.

Par le tou-cher ou le tact,
us dis-tin-guons la du-re-té
fer, de la pi-er-re, la dou-
ur du pa-pi-er, de la plu-me ;
froi-du-re du mar-bre, la cha-
ur du feu.

Par la vue, nous dis-tin-guons
for-me et la cou-leur des
-jets qui nous en-tou-rent, nous
y-ons s'ils sont beaux ou laids,
-les ou pro-pres.

Un a-veu-gle ne pour-rait dire si
n cha-peau est noir ou blanc.

Par l'o-do-rat nous dis-tin-guons
s o-deurs des fleurs, des fru-its,
vin, du ca-fé.

Par l'ou-ïe, nous en-ten-dons
tin-te-ment des clo-ches, le
u-it du tam-bour, le son har-
o-ni-eux de la mu-si-que.

Par le goût, nous dis-tin-guons la sa-veur de la poi-re qui n'est pas la mê-me que cel-le de la frai-se ; le goût du pain qui n'est pas ce-lu-i de la vi-an-de.

O ma-man, com-bien je re-mer-cie le bon Di-eu de m'a-voir don-né des sens qui sont com-me des sen-ti-nel-les pla-cées en ob-ser-va-ti-on pour m'a-ver-tir au mo-in-dre dan-ger.

Sans la vue je ne pour-rais voir cet-te bel-le lu-mi-è-re du jour.

A cha-que pas j'i-rais me heur-ter con-tre les ob-sta-cles com-me le pau-vre a-veu-gle.

Sans l'ou-ïe je ne pour-rais en-ten-dre vos bon-nes pa-ro-les, je ne pour-rais m'en-ten-dre moi-mê-me.

Sans l'o-do-rat et le goût,
se-rais ex-po-sé à man-ger
u-tes sor-tes de mau-vai-ses
ho-ses sans le sa-voir.

Sans le tact, je pour-rais ê-tre
a-cé ou brû-lé sans le sen-tir.

LES POINTS CARDINAUX.

Vous a-vez peut-ê-tre dé-jà re-
ar-qué, mes en-fants, que le
a-tin a-vant l'au-ro-re le ci-el
end tout-à-coup u-ne tein-te
an-che qui peu à peu de-vient
u-ge et qu'en-su-i-te le so-leil
o-pa-raît à l'ho-ri-zon, c'est
po-int qu-on ap-pel-le O-ri-ent
Le-vant, par-ce que le so-
il pa-raît se le-ver de ce
-té.

Vers mi-di le so-leil est brû-
nt, il a par-cou-ru la moi-ti-é

de sa cour-se, et le po-int où il se trou-ve s'ap-pel-le Sud ou Mi-di.

Le soir, le so-leil dis-pa-raît à l'ho-ri-zon.

Pen-dant long-temps, nous voy-ons en-co-re u-ne lu-eur rou-ge qui s'ef-fa-ce peu à peu et la nu-it suc-cè-de au jour.

Ce po-int où le so-leil pa-raît se cou-cher se nom-me Oc-ci-dent ou Cou-chant.

Il y a un qua-tri-è-me po-int où l'on ne voit ja-mais le so-leil; il est op-po-sé au Mi-di com-me l'Oc-ci-dent est op-po-sé à l'O-ri-ent.

Ce po-int qui n'est ja-mais vi-si-té par le so-leil se nom-me le Nord.

Ain-si, quand, à mi-di, vous vous tour-nez vers le so-leil,

vous a-vez de-vant vous le Mi-di, der-ri-è-re vous le Nord, à gau-che l'O-ri-ent, et à droi-te l'Oc-ci-dent. C'est ce qu'on ap-pel-le s'o-ri-en-ter.

CRUAUTÉ ENVERS LES ANIMAUX.

Ho ! pa-pa, voy-ez com-me ce mé-chant gar-çon frap-pe ce chien ! il prend plai-sir à le fai-re souf-frir.

Ho ! le mau-vais cœur, je ne pu-is le re-gar-der da-van-ta-ge, ce-la me fait mal !

Vous a-vez rai-son, ma fill-e, dé-tour-nez la vue d'u-ne ac-ti-on au-ssi bar-ba-re ; car pour frap-per les a-ni-maux, il faut ê-tre bien mé-chant.

Je con-nais ce pe-tit gar-çon

5

de-pu-is long-temps : é-tant tout jeu-ne, il pre-nait plai-sir à at-tra-per des mou-ches et à leur ar-ra-cher les aî-les ; plus tard il dé-ni-chait les nids des oi-seaux, et quand il y a-vait des pe-tits, il pre-nait un plai-sir cru-el à les pa-sser à la ba-guet-te, ou bien il les at-ta-chait au bout d'u-ne per-che et il les tu-ait à coups de pi-er-res.

Main-te-nant, il frap-pe les chiens et les chats, en-co-re un peu et ce se-ra le tour des au-tres a-ni-maux do-mes-ti-ques.

Voi-là ce qui ar-rive, mes en-fants, quand, dans le jeu-ne â-ge, on ne com-bat po-int ses pen-chants vi-ci-eux ; ils croi-ssent a-vec nous, ils gran-di-ssent à me-su-re que nous a-van-çons en â-ge.

Re-mar-quez-le bien, mes a-mis, ce-lu-i qui est mé-chant pour les a-ni-maux est au-ssi mé-chant pour les hom-mes, et ce-lu-i qui est bon pour les a-ni-maux est bon au-ssi pour ses sem-bla-bles.

L'AME.

Ma-man, de-pu-is no-tre der-ni-è-re con-ver-sa-ti-on, j'ai beau-coup ré-flé-chi, et je trou-ve que no-tre corps, a-vec ses sens, est tout ce qu'il y a de plus beau et de plus ex-tra-or-di-nai-re dans la na-tu-re.

Je su-is con-ten-te que tu ré-flé-chi-sses ain-si sur nos en-tre-tiens, mais je su-is per-su-adée qu'il y a u-ne cho-se à la-quel-le tu n'as pas pen-sé.

Di-tes un peu, ma-man?

Dis-moi, mon a-mi, en te rap-pe-lant ton pa-pa, qui est ab-sent en ce mo-ment, ne te sem-ble-t-il pas que tu le vois com-me s'il é-tait pré-sent de-vant toi?

C'est vrai, ma-man, je vois sa fi-gu-re, je vois ses traits, il me sem-ble qu'il me sou-rit.

Est-ce a-vec tes yeux que tu le vois?

Non, ma-man, je ne le vois ni a-vec les yeux, ni a-vec au-cu-ne par-tie de mon corps. Je le vois seu-le-ment par la pen-sée.

Ce n'est donc pas ton corps qui pen-se? pour-rais-tu me di-re ce que c'est?

Je ne sais pas, ma-man, mais il me sem-ble que ce qui pen-se en moi, c'est moi, et que mon corps ce n'est pas moi.

Tu as rai-son, mon fils, ce qui pen-se en nous, c'est no-tre â-me ; no-tre corps n'cst que le ser-vi-teur de l'â-me ; il lu-i o-bé-it en tou-te cho-se.

C'est vrai, ma-man, quand je veux que mon corps mar-che, il va ; si je veux que ma main tou-che mon li-vre, el-le le fait ; si je veux que mes yeux s'ou-vrent ou se fer-ment, ils m'o-bé-i-ssent à l'in-stant.

Tu le vois, mon fils, no-tre corps, a-vec sa struc-tu-re mer-veill-eu-se, est bien in-fé-ri-eur à no-tre â-me.

Il doit re-tour-ner dans la ter-re d'où il a é-té ti-ré.

Mais no-tre â-me est un souf-fle de Di-eu, el-le a é-té cré-ée im-mor-tel-le et li-bre a-fin qu'el-le pu-i-sse con-naî-tre son Cré-a-teur, l'ai-mer, le ser-vir, et ob-te-nir par ce moy-en la vie é-ter-nel-le.

LA PROPRETÉ.

Le pe-tit Ro-bert n'est pas ri-che, il n'a po-int d'ef-fets d'un grand prix, mais ses vê-te-ments sont tou-jours te-nus a-vec pro-pre-té.

C'est un en-fant di-li-gent qui ne re-dou-te pas la pei-ne; il s ait tou-jours se la-ver, se bro-sser et s'ap-pro-pri-er.

En-su-i-te, il a soin de ne po-int se sa-lir; il fait at-ten-ti-on où il mar-che ; il veill-e à ce qu'il tou-che, il joue et se di-ver-tit sans se cou-vrir de pou-ssi-è-re ou de boue com-me font quel-ques-uns de ses ca-ma-ra-des.

Il en est un sur-tout à qui l'on a don-né le sur-nom de pe-tit mal-pro-pre.

Quel nom hu-mi-li-ant et in-ju-ri-eux pour un en-fant ?

Ce-lu-i-là est né-gli-gent, pa-res-seux, sans a-mour-pro-pre, sans cœur, sans res-pect pour les au-tres ni pour lu-i-mê-me.

Mes en-fants, rap-pe-lez-vous tou-jours que la pre-mi-è-re des pa-ru-res c'est la pro-pre-té.

Un en-fant pro-pre est tou-jours plus ai-ma-ble et mi-eux por-tant, car la pro-pre-té fait par-tie de la san-té.

N'ou-bli-ez pas non plus que bien des ma-la-dies pro-vien-nent du man-que de pro-pre-té.

LE TRAVAIL.

Hen-ri s'é-tait le-vé de bon-ne heu-re et il é-tait al-lé aux champs a-vec son pè-re.

Sur la rou-te, il vit des la-bou-reurs qui se ren-daient à leurs tra-vaux.

Les bes-ti-aux sor-taient des é-ta-bles pour al-ler au pâ-tu-ra-ge.

Les fau-cheurs é-taient dé-jà à l'ou-vra-ge et l'her-be tom-bait sous leur faux.

Les oi-seaux ra-ma-ssaient de la mou-sse et des brins d'her-be pour fai-re leurs nids, ou des grai-nes pour leurs pe-tits.

L'a-beill-e bu-ti-nait sur les fleurs, la four-mi fai-sait ses pro-vi-si-ons pour l'hi-ver.

Com-me tout est ac-tif, dit Hen-ri à son pè-re, tout le mon-de est oc-cu-pé, per-son-ne ne res-te oi-sif !

Ou-i, ré-pon-dit le pè-re, tout tra-vaill-e dans la na-tu-re : la ter-re se cou-vre de mois-ssons, les val-lons se pa-rent de ver-du-re, les cô-teaux se re-vê-tent de vi-gnes et les ar-bres se char-gent de fru-its.

Il n'y a que le pa-res-seux qui ne fait rien, que le pa-res-seux qui s'en-nu-ie ; il est à char-ge à tout le monde et à lu-i-mê-me.

Ai-me donc le tra-vail, mon fils, em-ploie bien les mo-ments de l'é-co-le, sois ap-pli-qué à tes de-voirs, at-ten-tif aux le-çons de ton maî-tre ; mon-tre-toi tou-jours do-ci-le et plein de bon-ne vo-lon-té.

Rap-pel-le-toi sur-tout que pour tra-vaill-er a-vec goût, a-vec cou-ra-ge, a-vec bon-heur, il faut tra-vaill-er pour plai-re à Di-eu, et ne ja-mais com-men-cer son tra-vail sans lu-i a-voir de-man-dé son ap-pui par u-ne cour-te pri-è-re.

UN MAUVAIS CARACTÈRE.

Pau-li-ne é-tait une gen-till-e pe-ti-te fill-e ; el-le a-vait mê-me plu-si-eurs bon-nes qua-li-tés, mais mal-heu-reu-se-ment el-le a-vait un mau-vais ca-rac-tè-re, et pour ce mo-tif, tout le mon-de la fu-y-ait.

En ef-fet, qui vou-drait fré-quen-ter u-ne sour-noi-se, u-ne bon-deu-se, u-ne va-ni-teu-se, u-ne que-rel-leu-se, u-ne sus-cep-ti-ble, u-ne ja-lou-se.

On en-ten-dait di-re sou-vent qu'il au-rait va-lu mi-eux pour el-le qu'el-le eût eu u-ne lai-de fi-gu-re et un meill-eur ca-rac-tè-re.

Qu'im - por - te de po - ssé - der tou-tes les qua-li-tés du corps si nous a-vons un ca-rac-tère qui nous fait dé-tes-ter ?

Pau-li-ne, en gran-di-ssant, s'a-per-çut bien-tôt qu'el-le é-tait un su-jet d'hor-reur pour tout le mon-de, et el-le com-prit que, si el-le ne se cor-ri-geait pas, el-le se-rait tou-jours mal-heu-reu-se.

El-le prit donc u-ne bon-ne

ré-so-lu-ti-on, et el-le tra-vaill-a de tou-tes ses for-ces à sé cor-ri-ger.

El-le di-ri-gea de ce cô-té tous ses ef-forts; el-le se vi-o-len-ta, el-le pri-a, el-le y mit du cou-ra-ge et de la bon-ne vo-lon-té, et a-vec l'ai-de de Di-eu, el-le par-vint à maî-tri-ser ses mau-vais pen-chants.

On dit mê-me que plus tard, el-le é-tait la plus dou-ce et la plus pa-ti-en-te de tou-tes ses com-pa-gnes.

Mes en-fants, nous nai-ssons tous a-vec quel-ques tra-vers de ca-rac-tè-re, et nous a-vons tous be-so-in de tra-vaill-er à no-tre a-mé-lio-ra-tion.

Met-tons-y au-ssi du cou-ra-ge et de la bon-ne vo-lon-té, et sur-tout de la per-sé-vé-ran-ce, et

A-lors Di-eu tou-ché de nos
ef-forts fe-ra le res-te.

LE PRIX DE BON CARACTÈRE.

Dans u-ne é-co-le de jeu-nes
fill-es, on ve-nait de ter-mi-ner
la dis-tri-bu-ti-on des prix.

Les plus stu-di-eu-ses a-vaient
é-té re-ce-voir a-vec joie leurs
ré-com-pen-ses, fru-it des ef-forts
qu'el-les a-vaient faits pen-dant
tou-te l'an-née.

Tout-à-coup Mon-si-eur le cu-ré
se lè-ve et dit aux é-lè-ves :

Mes en-fants, voi-là un bien
beau li-vre en-co-re.

Nous ne vou-lons le don-ner,
ce-lu-i-là, qu'à cel-le de vous
que vous ju-ge-rez vous-mê-mes
a-voir le meill-eur ca-rac-tè-re.

A-lors di-rent tou-tes les

jeu-nes fill-es, il faut le don-ner à Fé-li-cie.

L'a-t-el-le bien mé-ri-té ? dit Mon-sieur le cu-ré.

Oh ! ou-i, ré-pon-di-rent tou-tes ses com-pa-gnes.

Ja-mais el-le ne se fâ-che, dit l'u-ne.

El-le ca-che tou-jours nos fau-tes, re-prit u-ne au-tre.

El-le ré-con-ci-lie cel-les qui se brouill-ent, dit cel-le-ci.

El-le n'a ja-mais con-tra-ri-é per-son-ne, dit cel-le-là.

El-le est tou-jours dou-ce, tou-jours a-mi-ca-le, tou-jours de bon-ne hu-meur, tou-jours prê-te à o-bli-ger, di-rent en-sem-ble tou-tes ces pe-ti-tes fill-es.

Le prix de bon ca-rac-tè-re fut donc dé-cer-né à Fé-li-cie.

Oh ! le beau prix que ce-lu-i-là ! c'est le cœur mê-me, c'est la re-con-nai-ssance et l'a-mi-ti-é de ceux qui nous en-tou-rent, qui nous le dé-cer-nent tou-jours.

LES VOLEURS.

Re-gar-dez, pa-pa, voi-là les gen-dar-mes qui en-mè-nent trois hom-mes, qu'ont-ils fait ?

Mon a-mi, ce sont des vo-leurs.

Le pre-mi-er, ce-lu-i qui est le plus grand et le plus fort, a pa-ssé par u-ne croi-sée, il est en-tré dans u-ne mai-son et il a vo-lé de l'ar-gen-te-rie.

Le se-cond, ce-lu-i qui est beau-coup plus jeu-ne, é-tait a-vec lu-i, il te-nait l'é-chel-le pen-dant qu'il es-ca-la-dait la mu-raill-e, et il fai-sait le guet pen-dant qu'il com-met-tait le vol.

Le troi-si-è-me qui, com-me tu le vois, est un vieill-ard, a a-che-té à vil prix les ob-jets vo-lés et il les a ca-chés.

Mais pa-pa, les deux der-ni-ers ne sont pas des vo-leurs pu-is-qu'ils n'ont rien pris ?

Mon a-mi, le se-cond, en a-ssis-tant le pre-mi-er, et en par-ta-geant le vol a-vec lu-i, est de-ve-nu son com-pli-ce.

Le troi-si-è-me, qui a a-che-té ou ca-ché les ob-jets vo-lés, est ce qu-on ap-pel-le un re-cé-leur.

Et com-me le com-pli-ce et le re-cé-leur sont au-ssi cou-pa-bles que le vo-leur, la loi les con-dam-ne-ra l'un et l'autre.

DES PRÉJUGÉS.

Papa, pourquoi Marie, la bonne de Madame Lelong, dit-elle qu'elle ne veut point entrer en service demain, parce que c'est un vendredi?

Ma fille, c'est parce que Marie est superstitieuse, elle croit que cela lui porterait malheur.

Et c'est vrai cela, papa?

Non seulement cela n'est pas vrai, mais c'est tout à fait absurde.

Il n'y a de mauvais jours que ceux où nous avons eu le malheur de faire une mauvaise action.

O mon papa! j'ai entendu dire des choses bien plus bizarres encore.

Ainsi, dernièrement, une petite fille me disait qu'il y a certaines actions qui portent malheur: comme par exemple de briser un miroir, de casser des verres, de poser en croix les

6

couteaux et les fourchettes , de ren-
verser le sel , de faire pirouetter les
chaises, de se trouver treize à table,
et bien d'autres choses semblables.

Toutes ces choses-là, ma fille, ce sont
autant d'absurdités ; ce qui porte malheur, c'est d'offenser Dieu et de faire
du mal au prochain.

Il en est de même de mettre son
vêtement à l'envers , de voir passer
des corbeaux , d'entendre la voix de
la chouette. Toutes ces choses ne
peuvent nous faire ni bien ni mal ; il
n'y a que des gens faibles, ignorants
et superstitieux qui peuvent croire à
ces fables aussi ridicules que peu rai-
sonnables.

Cependant, des loups-garous et des
revenants, il y en a, mon papa ?

Les loups-garous, les revenants, les
devins , les sorciers , les diseurs de
bonne aventure et même les charla-

tans, sont tous des fripons qui exploitent la crédulité des bonnes gens et qui vivent à leurs dépens.

Dieu seul, ma fille, est tout puissant, et il n'a pas donné à des ignorants souvent fourbes, méchants et pervers, ce qu'il refuse aux savants les plus vertueux.

———

LE DIMANCHE.

Edmond s'était paré de ses plus beaux habits et il partit avec son père pour aller à l'église.

La matinée était belle ; le temps faisait présager que le jour consacré au service de Dieu serait magnifique.

La rosée brillait sur les feuilles vertes et sur les fleurs odoriférantes.

Les rayons lumineux du soleil adoucissaient la fraîcheur du matin.

Un doux zéphir balançait les épis sur leurs tiges flexibles.

L'air retentissait du chant des oiseaux.

Le son harmonieux des cloches appelait les bons villageois à la prière.

Des vieillards aux cheveux blancs et à l'air respectable sortaient de leurs maisons.

De jeunes enfants cueillaient des fleurs sur le chemin.

Edmond et son père entrèrent dans l'église, elle était pleine de monde.

Des voix chantaient les louanges de Dieu, les fidèles priaient ; une joie douce était répandue sur toutes les figures.

Oh ! dit Edmond, après la messe, que c'est beau, le dimanche !

Oui, reprit le père, le dimanche est beau pour ceux qui ont le cœur pur et qui consacrent ce jour au service de Dieu et à quelques divertissements innocents ; mais c'est un jour de malédiction pour ceux qui le transgressent par un travail qui n'est pas absolument nécessaire, soit par avarice ou par impiété ; pour ceux qui ne remplissent pas leurs devoirs religieux et qui passent ce saint jour en jeux, en débauche ou en divertissements dangereux.

LE PETIT RAPPORTEUR.

Maman, disait Alexis en pleurant, mes frères sont partis et ils ne veulent pas que j'aille avec eux.

Eh bien ! mon ami, vous vous amuserez avec vos petits camarades.

Je n'en ai pas de camarades, personne ne veut jouer avec moi.

Vous le voyez, mon ami, voilà

ce que c'est que d'être rapporteur, je vous ai déjà prévenu bien des fois et cependant vous ne vous corrigez pas.

Vous épiez constamment les actions de vos frères et sœurs, vous trouvez du mal dans tout ce qu'ils font, et s'ils ont le malheur de faire la moindre petite chose, vite vous venez me la raconter.

Vous ne vous contentez pas de dire les choses comme elles se sont passées, mais vous les augmentez, vous les exagérez afin de m'indisposer contre eux et dans le but de les faire punir.

C'est un bien vilain défaut que celui que vous avez là, et si vous ne travaillez pas à vous défaire d'une aussi mauvaise habitude, plus personne ne pourra vous sentir.

Si vous voulez être bien avec tout

le monde, ne répétez jamais ce que vous avez entendu dire, et ne parlez pas de ce que font les autres.

On se défie des rapporteurs, on les hait, on les méprise, on les fuit.

COMMENT IL FAUT PRIER.

Paul, joli petit garçon de dix ans, désirait avec ardeur de satisfaire ses parents et ses maîtres; il avait compris la nécessité d'être un honnête enfant afin d'être plus tard un honnête homme. Toutes ses idées, tous ses efforts tendaient à se corriger de ses défauts et à se donner les bonnes qualités qu'il n'avait pas. Le pauvre enfant se trouvait bien heureux quand il recevait de ses maîtres une louange qu'il sentait avoir bien méritée; cependant, comme il avait une idée très-claire de ses devoirs, il s'affligeait de ne pouvoir pas les remplir aussi bien qu'il les concevait. Les petites fautes où il tombait encore le désolaient. Au lieu de se dire : Je ferai mieux demain, il se demandait avec douleur : Pourquoi faut-il que j'aie commis cette faute aujourd'hui ? à quoi tiennent ces inégalités dans ma conduite ? Ces réflexions l'affligeaient profondément.

Un soir, il avait une lettre à porter au presbytère : M. le curé à cause de sa piété naïve et de son excellent caractère, lui dit, en le voyant entrer : — Eh bien ! Paul, comment cela va-t-il aujourd'hui ?

— Pas trop bien, M. le curé, dit l'enfant, et il se mit à baisser les yeux.

— Comment donc, pas trop bien ? que t'est-il arrivé ?

— Non, pas trop bien, je n'ai pas fait ce que j'aurais voulu.

— Tu as donc fait ce que tu ne voulais pas?

— Oui, M. le curé : j'avais pris hier de bonnes résolutions et je ne les ai pas tenues ; je m'étais promis de faire avec joie toutes les volontés de mon père, et je n'ai obéi qu'avec répugnance. Je ne sais à quoi cela tient, et je me trouve bien malheureux d'avoir si peu de force.

— Je te plains, mon enfant ; mais je crois que si tu connaissais la cause de ta faiblesse tu deviendrais plus fort. Je crois la connaître : dis-moi, comment avais-tu fait ta prière ce matin?

— Comme à l'ordinaire, M. le curé.

—Tu n'as pas l'air d'entendre ma question : je ne te demande pas si tu as fait ta prière aujourd'hui comme d'habitude, mais si tu es sûr d'avoir bien prié : que me dis-tu ?

L'enfant baissa les yeux en rougissant et ne répondit pas.

— Vois-tu, mon ami, continua le curé, toutes nos actions de la journée dépendent de la manière dont nous avons fait la prière le matin ; pour bien finir, il faut avoir bien commencé. Réfléchis et tâche de te rappeler quelques-uns des jours où tu n'as pas été content de toi comme aujourd'hui, tu verras que tu avais prié avec négligence et dans des dispositions peu convenables : rappelle-toi de même les jours où ta conduite a été bonne et tu trouveras qu'une bonne prière avait commencé ta journée. Sais-tu ce que c'est que la prière du cœur et la prière des lèvres ?

— Non, monsieur le curé.

— La prière du cœur, mon enfant, c'est celle que tu as faite les jours où tu t'es bien conduit; c'est la véritable prière qui obtient tout de Dieu parce qu'elle demande avec désir, avec amour, avec une foi parfaite, en un mot, parce qu'elle part du cœur. La prière des lèvres n'est guère qu'un vain bruit; c'est une suite de paroles prononcés sans chaleur, sans recueillement, sans conviction. Celle-là, Dieu ne l'exauce point, car il dit dans son évangile : « Ce peuple me prie des lèvres, mais son cœur est loin de moi. » C'est ainsi que tu pries toutes les fois que tu dois commettre des fautes.

— Ah ! je le vois, M. le curé ; pour bien me conduire tous les jours, il me faut bien prier tous les jours aussi.

— C'est cela, mon enfant; il faut

prier de cœur et d'esprit, c'est-à-dire avec une claire intelligence de ce que tu demandes à Dieu, et un désir ardent de l'obtenir. Tu dois donc, pour que ta prière soit puissante et efficace, te bien pénétrer d'abord de la grandeur de Dieu, de sa miséricorde infinie, du besoin que tu as de son secours; après cela tu sais quel bien tu te proposes de faire dans la journée, quel est le mal que tu veux éviter, en un mot, l'ensemble des devoirs qui conviennent à ton âge et que tu veux remplir. Si tu pries dans ces dispositions, Dieu te donnera la force nécessaire pour l'œuvre de chaque jour, et il ne t'arrivera plus d'être mécontent de toi-même comme tu l'es aujourd'hui.

Paul promit au bon curé de suivre ses conseils et lui demanda la permission de revenir le voir dès qu'il serait plus content de lui-même. L'homme de Dieu le lui permit bien volontiers, et, dès le lendemain, au coucher du soleil, il le vit accourir au presbytère, plein de joie et de consolation.

Dieu peut tout, mes enfants; une vive prière
Doit nous faire obtenir les dons de sa bonté
Lui seul peut nous donner la grâce nécessaire
Pour accomplir en tout sa sainte volonté.

DERNIERS CONSEILS AUX ENFANTS.

Mes bons amis, vous avez vu maintenant les principales difficultés de la lecture et vous pouvez lire dans tous les livres.

Vous rencontrerez bien encore de temps en temps quelques obstacles, mais l'usage et le dictionnaire vous les feront aisément surmonter.

La lecture est la clef des sciences; livrez-vous maintenant à toutes les études que nécessite votre éducation.

Lisez souvent, mais peu à la fois.

Une courte lecture bien méditée nous en apprend plus que des volumes lus sans attention.

Vous avez besoin aussi de savoir écrire et calculer. Soignez votre écriture ; faites en sorte qu'elle soit toujours propre et lisible.

Apprenez surtout le calcul ; c'est une science indispensable dans la vie.

Vous en aurez besoin, quel que soit l'état que vous embrassiez.

Les signes dont on se sert pour le calcul se nomment chiffres. Il y en a dix ; les voici avec leur dénomination : Un 1, deux 2, trois 3, quatre 4, cinq 5, six 6, sept 7, huit 8, neuf 9 et zéro 0.

Mais pour obtenir du succès dans nos études, il faut demander à Dieu, par la prière, qu'il veuille bien soutenir nos efforts, et qu'il nous donne la persévérance.

TABLE DES MATIÈRES.

Lille, Librairie D. Guillot. — Imp. Horemans

www.ingramcontent.com/pod-product-compliance
Lightning Source LLC
Chambersburg PA
CBHW070851280326
41934CB00008B/1400